Меня зовут Алиса

Взрослые проблемы глазами ребёнка

Л. Б. ПОЛЛИНГЕР

Л. Б. ПОЛЛИНГЕР

Моему лучшему другу Вите с благодарностью за его интуицию и редкое умение понимать детей и взрослых.

«МЕНЯ ЗОВУТ АЛИСА» - дневник доброй и грустной девочки, пытающейся разобраться в окружающем мире. Впечатления ребёнка позволяют по-новому взглянуть на трудности в семейных отношениях, переживания детей и взрослых, их оправданные и, порой, пустые тревоги и другие психологические сложности, с которыми нас сталкивает жизнь.

Как дети воспринимают происходящее вокруг них? Какие извлекают уроки, делают выводы? Как наша взрослая жизнь отражается на формировании их характера, установок и предопределяет, по большому счёту, их будущее счастье или несчастье? На эти и другие вопросы вы найдёте ответы, прочитав книгу, написанную профессиональным психологом с многолетним стажем работы со взрослыми и детьми.

СОДЕРЖАНИЕ

13 января

Сегодня мама купила мне дневник

Меня зовут Алиса. Мне восемь лет. Все говорят, что я выгляжу моложе, потому что я маленького роста. Мама назвала меня в честь той самой Алисы, которая побывала в стране чудес. Мама вообще верит в чудеса. Ещё мама верит, что у меня проблемы, и мне нужно посещать психолога. Папа в этом не уверен. Он сомневается. Он думает, что если я буду хорошо учиться, всё решится само собой. А бабушка уверена, что мне не нужен никакой психолог.

Бабушка никогда не сомневается. Мама говорит, что бабушка, как дирижер, которого мы видели в симфоническом концерте. Дирижер всегда знает и помнит, что кому делать, даже если концерт очень длинный. Только дирижер не кричит, а бабушка кричит. Дедушка не знает, нужен ли мне психолог. У дедушки часто бывает такой вид, как будто он потерялся. Тогда он сидит в своём кресле на колёсах, смотрит в одну точку и не отвечает на вопросы.

27 Января

Салли

Моего психолога зовут Салли. Когда мама назначила для меня первую встречу с Салли, я отказалась.

Я сказала: «Я не пойду. Потому что очень смешная артистка Сара Силверман рассказывала по телевизору, что её психотерапевт покончила жизнь самоубийством. Эта Сара сидела-сидела и ждала, когда её примут, а потом узнала, что никогда уже не примут. Она рассказывала об этом, и все в телевизоре смеялись. А мне почему-то не было смешно.»

Мама тогда рассердилась на папу и сказала:

« Вместо того, чтобы проводить время с ребёнком, ты включаешь телевизор, по которому показывают страшные вещи. Сам читаешь свой интернет, а ребёнок в это время пугается.»

Папа ничего не ответил, а бабушка закричала:

«Всем этим психологам нужно самим лечить голову, а не допускать их до детей! Им лишь бы деньги зарабатывать!»

Потом мама прижалась ко мне щекой и сказала:

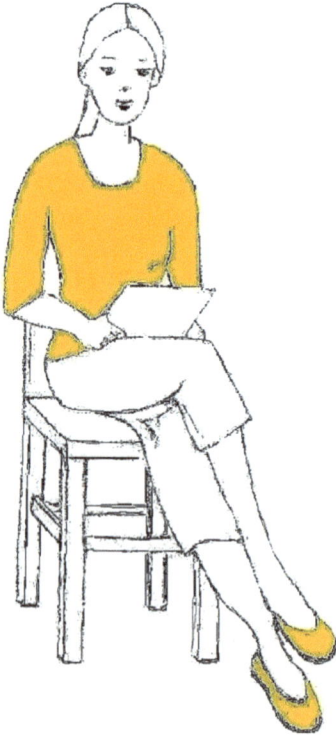

«Пойдем к Салли, не пожалеешь. У неё всегда хорошее настроение. Она не покончит жизнь самоубийством.»
И я согласилась. Теперь я буду встречаться с Салли каждые две недели. Мы с ней будем говорить о том, как меньше грустить, и стать чуточку счастливее. У Салли есть такая

Салли

хорошенькая ручка с лампочкой, похожая на волшебную палочку. Когда пишешь этой ручкой, лампочка светится.

Я наверно стану психологом, как Салли. Или как доктор Фил. Чтобы помогать тем, кому тяжело на душе и одиноко.

10 февраля

Как не обижаться друг на друга и не сердиться

Раньше, когда я была совсем маленькой, я думала, что взрослым всегда весело и хорошо, потому что они всё могут и все знают. А потом я поняла, что взрослые тоже обижаются друг на друга и расстраиваются, как дети.

Например, как-то раз у почтового ящика наш очень высокий сосед Мэт подошел к моей маме и громко спросил: «Почему ваша собака так часто лает?»

Бедная мама! Она вернулась домой очень обиженная и растроенная. Потому что Мэт повысил голос и говорил с ней сверху вниз. Вы только представьте! Мама такая худенькая, как кукла Барби, а Мэт – огромный, как мой большой плюшевый медведь.

Салли говорит, что для того, чтобы не обижать и не расстраивать тех, с кем разговариваешь, не нужно возвышаться над ними. Даже нечаянно. Для этого лучше говорить друг с другом сидя. Особенно если ты высокий, а тот, с кем ты говоришь – не очень. И не повышать голос. Потому что, когда повышаешь голос, ты тоже принижаешь того, с кем говоришь.

Вот если бы Мэт подошел к маме и сказал тихим голосом: «Мисс Сюзи, давайте сядем на скамейку, я хочу о чем-то вас спросить. Можно ли как-нибудь повлиять на вашего Тедди, чтобы он не так часто лаял?»

Дедушка

Мама тогда бы совсем не расстроилась и не обиделась. Мне наверно потому так нравится разговаривать с дедушкой, что дедушка всегда разговаривает спокойно и сидя.

И ещё, хотя мама ниже папы ростом, но когда она его поучает, папе делается не очень приятно, и он обижается.

Салли говорит, что никому не нравится, когда их поучают. Как будто вам говорят, что вы мало знаете или ничего не понимаете. Поэтому у тех, кто часто поучает, не очень много друзей. И им бывает грустно и одиноко.

Конечно, если вы учитель или тренер, вы можете объяснять своим ученикам то, что нужно. Но не повышая голос, а как бы вежливо советуя, как наша учительница Мисс Доэрти. Тогда ученики будут вас любить и не будут на вас обижаться.

Я посадила Барби и большого медведя на стульчики и вежливо им посоветовала: «Дорогие мои, я буду вашим психологом. Если вы хотите, чтобы в доме был мир и покой, друг с другом лучше разговаривать сидя и тихим голосом.»

А если я — ребёнок, то все вокруг меня выше. А когда на меня ещё кричат, я делаюсь такой малюсенькой, что меня можно вообще не заметить и даже случайно наступить. И я тогда очень обижаюсь.

Салли сказала маме, что если ребёнок расстроен, можно даже сесть рядом с ним на пол, чтобы посмотреть на него снизу вверх. Тогда он быстрее успокоится и перестанет плакать. Она так и сказала: «Сюзи, если Алиса расстроена, сядьте рядом с ней и посмотрите на неё снизу вверх.»

Еще Салли сказала, что людям легче сердиться стоя. А лёжа или сидя сердиться очень трудно. Поэтому мы с мамой договорились, что если мы почему-то рассердимся друг на друга, мы сразу садимся или ложимся. Прямо там, где находимся, на пол или на диван. Нам тогда делается смешно, и мы лежим, валяемся и хохочем. А когда весело, вообще невозможно сердиться.

Конечно, если мы рассердились не дома, то мы не можем просто так сесть или лечь где-нибудь на улице или в магазине. А в парке можем. На траву или на скамейку. В общем, мама сказала, что если разозлиться в подходящем месте, то можно потом хорошо нахохотаться.

А ещё я думаю, что, хорошо быть бабочкой. Потому что бабочки никогда не кричат. Летают себе тихонечко. Иногда я представляю, как было бы, если бы мы все были бабочками. Мы бы летали на одном уровне, не выше и не ниже друг друга. И не сердились и не обижались бы. И дедушка мог бы летать вместе со всеми.

24 февраля

Как мама отстаивала своё мнение, говорила «нет», и что случилось потом

Когда мама говорила папе: «Я работаю круглые сутки, а ты в это время развлекаешься с молодыми девушками», - она повышала голос, сердилась и плакала.

Мама ещё объясняла папе: « У меня нет денег, мне нечем платить за дом, так дальше не может продолжаться. Ты должен устроиться на работу». Мама плакала и говорила: «Нет, так дальше невозможно!» Мне было жаль маму.

У папы тогда тоже делалось расстроенное лицо, он размахивал руками и отвечал маме: «Как ты не понимаешь, я не работаю потому, что экономика сейчас не нуждается в специалистах с моей квалификацией.» Эти нервные разговоры задевали папины чувства, он переживал и обижался. Мне было жаль папу.

После всех этих криков папа ушел с молодой девушкой Мишель. Потому что она не сердилась на него и не плакала, а просто тихонечко сидела в машине возле нашего дома и ждала.

Папа, конечно, говорил мне много раз, что очень важно уметь отстаивать своё мнение и говорить «нет». Мама умела говорить «нет» и отстаивать своё мнение, но делала это не очень правильно. Поэтому все переживали и обижались друг на друга.

Мама

Бабушка тоже умела отстаивать своё мнение. Мама сказала, что бабушка махала дирижерскими палочками. А у дедушки был потерянный вид. У меня тоже был потерянный вид. Только у Тедди было хорошее настроение. Он бегал между нами и весело вилял хвостом.

Потом папа собрал свои вещи и переехал к бабушке с дедушкой и папиному брату, моему дяде Майклу.

Мама сдала наш дом квартирантам, и мы с мамой, Тедди и моей рыбкой Кевином поселились в маленьком апартменте.

После этого папа и мама стали реже ссориться. Я думаю, что их отношения улучшились потому, что они видятся не так часто и не могут все время повышать друг на друга голос и обвинять друг друга.

Салли говорит, что когда отстаиваешь своё мнение, нужно очень стараться не принижать того, с кем разговариваешь. И говорить «нет» тоже нужно осторожно. Иначе вы поссоритесь, и вам станет грустно и одиноко.

Лучше не обвинять, а сказать, что вам важно мнение этого человека, и что он помог вам разобраться в чём-то сложном. Ведь если он думает по-другому, не так, как вы, вам же важно это знать. И тогда, даже если вы не согласны друг с другом, всем будет не так обидно. И вы сможете потом общаться, если захотите. Даже если вы не захотите дружить, всё равно, вам и всем, кто вас любит, будет не так больно от того, что произошло.

А вот если бы мы все были бабочками, нам не нужно было бы платить за дом. Бабочки просто летают и радуются. Хотя, я совсем не знаю, радуются ли бабочки, когда дождь или когда зима... Наверное, бабочки тоже бывают грустные.

9 марта

Как говорить, слушать и критиковать,
чтобы не поссориться.

Мама считает, что папа любит говорить и не любит слушать. Мама сказала, что если кто-то другой начинает говорить, папе становится скучно, и он отключается. Или перебивает.

Мама ещё сказала папе: «Тебе нужны уши, а не женщина. А твоей девушке Мишель самой нечего сказать, поэтому она так любит тебя слушать.»

Папа тогда сказал: «Настоящая женщина должна уметь слушать». А бабушка сказала, что папа очень умный.

А я вспомнила одного мальчика из нашей школы. Этот мальчик умеет хорошо рассказывать смешные истории. Мне сначала было интересно и смешно его слушать, а потом самой захотелось что-то тоже рассказать. А мальчик этот всё никак не переставал рассказывать. И тогда мне стало скучно его слушать. Наверное, я - не настоящая женщина.

Салли говорит, что человек говорящий возвышается над слушающим. Чтобы быть наравне, не обижаться друг на друга и не ссориться, лучше говорить и слушать по очереди. Сначала один говорит, а другой слушает, а потом — наоборот.

Но если кто-то слушает не очень внимательно или перебивает, тогда он тоже принижает того, кто говорит. Мне, наверное, потому так приятно разговаривать с дедушкой, что он

Бабушка

никогда не перебивает.

Бабушка тоже любит много говорить. А дедушка смотрит в одну точку и слушает бабушку. Но ему не очень нравится ходить с ней в гости. Потому что бабушка критикует дедушку в гостях, и он обижается и расстраивается. Бабушка критикует других тоже. И меня часто критикует. Например, что у меня было пятно на платье.

Салли говорит, что даже самая справедливая критика принижает того, кого критикуют. И отношения с этим человеком могут испортиться.

Нужно решить, что для вас важнее, дружба с этим человеком или покритиковать. И если покритиковать очень-очень важно, тогда лучше сначала сказать, что вам кажется, что он посадил пятно. И что с вами тоже так бывало, что вы сажали пятно. Особенно если вы ели что-то очень вкусное, например, шоколадный торт.

30 Марта

Дети и разговоры о политике

Мама не очень любит говорить про политику. А папа – очень. Мама говорит, что она слишком много работает и устает, чтобы интересоваться политикой. Я думаю, что маме интереснее говорить про путешествия. Она часто планирует для нас какое-нибудь следующее путешествие.

Когда папа рассказывает про правительство или президента, что они все делают правильно или все делают неправильно (я уже не помню), мама нервничает, и они ссорятся.

А когда получилось так, что геям разрешили жениться, в нашем городе был парад за права человека. Многие наши знакомые пошли на этот парад. И мама тоже пошла. А папа сказал, что мама не должна была ходить и не должна была помещать на Фейсбук свою фотографию на этом параде. И бабушка сказала, что это стыдно и плохо для меня знать, что мама ходила на этот парад.

Я тогда очень расстроилась, потому что мама обиделась и долго плакала. И я нашла в холодильнике мороженое и принесла ей в кровать, чтобы ей не было так грустно. Потому что мама всегда говорит, что мороженое – очень хорошее лекарство от плохого настроения.

Очень хорошее лекарство от плохого настроения

Салли сказала, что политику и религию лучше не обсуждать. А если обсуждать, то осторожно. Потому, что это очень личное, и человек может сильно обидеться и раздружиться с тобой навсегда.

Я думаю, что Салли права. Мне, например, слушать про политику не очень интересно. Потому, что я - ребёнок. И я очень расстраиваюсь, когда мама и папа ссорятся. Поэтому если у вас есть дети, лучше не говорить при них о политике вообще. Лучше поиграть с ними, почитать им книжку или включить мультфильм.

13 апреля

Про опоздания

Если вас кто-то ждёт, а вы опаздываете, то тому, кто ждёт, делается неприятно, и он даже может на вас обидеться. Потому что он думает, что для вас важнее и интереснее быть с кем-то другим, чем с ним. И это его немножко принижает.

А если вы извинитесь перед этим человеком за опоздание, объясните ему, что вы не специально, и будете так виновато и грустно смотреть на него, как наша собака Тедди, когда что-нибудь натворит, тогда этот человек поверит, что вы сами расстроены из-за того, что он вас ждал, простит вас и не будет больше обижаться. И вы будете дружить по-прежнему.

27 Апреля

Про задир

Однажды мама сказала папе, что бабушка её задирает и придирается к ней. После этого мама плакала, и папа принес ей мороженое.

Быть задирой - это значит надсмехаться над кем-то, говорить обидные и несправедливые слова и запугивать кого-то. Это очень плохо. Человеку делается обидно, потому, что он чувствует, что его принижают. В нашей школе есть дети, которые любят задирать других. И при этом - смеются. А тот, над которым смеются, часто плачет. Мама говорит, что с такими задирами лучше вообще не иметь дела и держаться от них подальше.

А наша учительница Мисс Доэрти говорит, что если кого-нибудь из детей задирают, нужно обязательно пожаловаться. Потому что такое ужасное поведение нетерпимо в нашей школе. Это Мисс Доэрти так сказала. Хотя мой папа считает, что жаловаться – это не очень хорошо. Но он думает, что может быть в этом случае можно сделать исключение. И дедушка тоже так думает. А дедушка никогда ни на кого не жалуется.

Однажды в школе я заметила, что две девочки из нашего класса смотрят на меня, перешёптываются и смеются. Потом одна из них попросила у меня мою любимую розовенькую резинку. Я не хотела показывать, что мне неприятны их смешки, и жадиной быть не хотела. Я дала

Папа

этим девочкам резинку, а они выбросили её в окно. И стали громко называть меня коротышкой и говорить, что мой папа нас с мамой бросил. Мне было очень обидно! Это же неправда! Папа нас не бросил. Он приходит за мной в школу каждый день! И домой тоже приходит кормить меня обедом. У меня тогда что-то сжалось внутри, и я подумала:

«Ни за что не буду плакать!» Но сдержаться не смогла и расплакалась очень сильно.

Я об этом никому дома не рассказала. Потому что боялась, что будет скандал. Мама и папа будут друг друга обвинять, бабушка будет кричать, а дедушка расстроится, и у него может подняться давление. Только Салли знает об этом.

Салли говорит, что люди, которые задирают других, слабые. Поэтому они хотят всем показать, что они сильнее всех и лучше. А сильным людям не нужно никому доказывать, что они сильные. Они знают это и так. Сильные защищают других, а не заставляют их плакать.

А если сильный человек смеётся, то вместе с кем-то, а не над кем-то. Просто шутит. У того, кто умеет смешно шутить, всегда много друзей. Все его любят и хохочут вместе с ним. Он не боится даже шутить над собой. И может признаться, что он чего-то не умеет или делает неправильно. Потому, что он - сильный.

11 мая

Кошмарные сны

Один раз, когда мама с папой смотрели фильм-ужастик, который детям смотреть нельзя, я тихонечко, через щелочку в двери, тоже посмотрела этот фильм.

После этого мне приснился сон с противной мокрой рукой из фильма, в зелёной тине, с крючковатыми пальцами и длинными грязными ногтями. Эта рука высунулась из-под моей кровати, стала увеличиваться и приближаться ко мне всё ближе и ближе. Мне сделалось очень страшно. Я хотела закричать, но не смогла. Потому что крика не было слышно. Было только слышно, как что-то стучало у меня в ушах. А потом я проснулась и заплакала так громко, что разбудила маму.

После этого я стала бояться оставаться в комнате одна с выключенным светом. А иногда - даже с включенным. И мама разрешила мне спать с ней в одной кровати.

А потом мы пошли к Салли, и Салли предложила нарисовать эту страшную руку. Сначала мы нарисовали такую руку, какую я видела во сне, с противными ногтями и в тине. А потом мы выкрасили ногти на этой руке в оранжевый цвет, пририсовали кольца, браслет и часики, и рука сделалась совсем не страшная. Мама ещё предложила, чтобы рука держала удочку, и нам всем стало смешно.

Салли говорит, что если приснится страшный сон с каким-нибудь монстром и привидением можно попробовать их нарисовать. Тогда эти монстры и привидения делаются совсем не страшными, а иногда даже смешными. А потом исчезают. И ты больше не боишься.

25 мая

Как перестать тревожиться

Тревога – это страх. Бывает страшно, что у тебя что-то не получится. Например, выступать на сцене перед всей школой. Когда ты об этом думаешь, у тебя начинает громко стучать сердце, немножко кружится голова, и становится трудно дышать. Ты тогда не хочешь этого делать. Потому, что боишься, что все увидят, что ты не можешь, и будут смеяться.

Салли говорит, что любое, самое трудное дело состоит из маленьких лёгких кусочков. Можно попробовать сделать один малюсенький кусочек дела, а потом ещё один кусочек. Это легко, если так разделить. А если всё равно трудно, тогда нужно опять разделить на ещё меньшие кусочки, пока не станет совсем легко.

Так моя учительница по балету разделяет наши танцы на маленькие движения. Мы выучиваем эти движения, и, если сложить все эти «по чуть-чуть», получается целый танец. А потом мы репетируем много раз на сцене. И страх проходит совсем. Тогда мы можем собой гордиться.

Ещё бывает, что человеку страшно выходить из дома. Потому что он боится, что с ним что-то плохое может случиться. Тогда этот человек, как мой дядя Майкл, всё время сидит дома. Из-за своей тревоги он не может ходить в колледж, искать работу и встречаться с друзьями. Мне даже кажется,

дядя Майкл

что у дяди Майкла уже не осталось друзей, так давно он ни с кем из них не виделся.

Ему грустно и одиноко. Работу он тоже боится искать потому, что думает, что его всё равно не возьмут. Мне его очень жаль. И маме тоже его жаль.

Салли говорит, что такую сильную тревогу как у дяди Майкла можно вылечить. Для этого дяде Майклу нужно к доктору.

Бабушка очень расстраивается, что дядя Майкл не работает и никуда не ходит. Но она против докторов. Если бабушка слышит про докторов, она начинает кричать:

«Всё это от лени и дури! Такие болезни лечатся трудом! А все ваши доктора только морочат людям голову и хотят деньги заработать!»

Мама говорит, что в такие минуты бабушка выглядит как дирижер, который сердится потому, что забыл ноты. А дедушка молчит и смотрит в одну точку. Я думаю, что он тоже переживает, но ни с кем об этом не делится. Только один раз он сказал тихонечко, чтобы бабушка не слышала:

«Небольшой, но очень хорошо организованный сумасшедший дом. Всего на несколько человек.»

15 июня

Почему, избегая страшные вещи, мы не становимся смелыми

Если человек чего-то боится, он часто старается это избегать.

Например, если я боюсь пауков. Хотя я, на самом деле, их совсем не боюсь, а просто так говорю, для примера. Я тогда стараюсь не ходить туда, где могут быть пауки. Не хожу в парк, чтобы не увидеть паучка на кустах. И за домом мне не хочется играть потому, что там на заборе висел однажды паучок. И в гараж в бабушкином доме тоже не хожу, потому что там как-то появился паук. Из-за моего страха я избегаю места, где бывает весело и интересно. И моя жизнь делается скучнее.

Салли говорит, что избегание только усиливает страх. Нужно – наоборот, потихонечку приучать себя к тому, что то, что ты избегаешь, не так уж и страшно.

Например, можно нарисовать паучка в симпатичном платье, а потом нарисовать паучков, танцующих танец лебедей. Ещё можно в магазине для рыбаков купить маленького пластмассового паука и попросить маму положить его в коробочку. А потом попробовать чуть-чуть приоткрыть коробочку, быстренько посмотреть на паучка и сразу закрыть коробочку. И открывать эту коробочку с искусственным пауком каждый раз на подольше и ещё на подольше. Так постепенно можно привыкнуть к тому, что паучок — это всего-навсего маленькое и совсем не страшное насекомое. Тогда вы сможете играть в парке, за домом и в гараже и ничего не бояться. Точно так же можно потихонечку натренироваться не пугаться других вещей.

В прошлом году я упала с велосипеда и очень больно ударила руку. Оказалось, что это был перелом, и доктор наложил мне гипс. Потом у меня появился страх. Я боялась упасть. Стало страшно спускаться по лестнице, не держась за перила, кататься на велосипеде и даже делать некоторые балетные упражнения.

Папа принес мне такую круглую штуку, которая называется «доска для балансирования». Когда бабушка увидела эту доску, она стала кричать, «Ребёнок убьется! Пустая трата денег!» А папа сказал: «Не бойся, держись за меня!»

На эту доску нужно было становиться и балансировать по одной минуточке. Сначала держась за папину руку, потом за стенку, а потом уже не держась ни за что. И я всего за несколько дней перестала бояться потерять равновесие и упасть.

Конечно, бывают серьёзные опасности, о которых предупреждают дома и в школе. Салли говорит, что к таким опасностям нельзя привыкать. Нужно просто знать заранее, как вести себя, когда встретишь такую опасность.

Например, переходить улицу только на зелёный свет, чтобы не попасть по машину, или не играть с острыми предметами, чтобы не пораниться.

Когда мы с Салли говорили об этом, я вспомнила о бабочках. Мамы-бабочки, наверное, тоже учат детей-бабочек про серьёзные опасности. Хотя я сейчас подумала, что пауки как раз и есть серьёзная опасность для бабочек! Выходит, что то, что для одних – серьёзная опасность, для других – пустой страх. Бедные бабочки!

Пожалуй, я лучше буду представлять, что я – фея. И что мы все – феи, а не бабочки. Феи тоже могут летать, но они никого и ничего не боятся, потому, что у них есть волшебные палочки, и они могут устроить чудесные волшебства.

28 июня

Про Шербета

Ещё я хочу рассказать про бабушкиного кота Шербета. Его зовут Шербет потому, что он рыженький, как шербет. Когда он только поселился у бабушки с дедушкой, он был очень весёлым и общительным котом. Потому что в доме, где он раньше жил, было ещё два других кота и много-много гостей. Шербет в том доме был

Шербет

смелым и уверенным. Он любил, когда его гладили, забирался ко всем на колени и даже не боялся собак.

Потом эти люди уехали и отдали Шербета бабушке. А у бабушки он поселился внизу, с дядей Майклом, который никуда не ходит, и к нему никто не приходит. Шербет постепенно стал очень стеснительным и пугливым. Теперь он боится всех людей, кроме меня и дяди Майкла. Животных тоже боится. Например, нашу собаку Тедди. Хотя Тедди очень добрый. Если кто-то спускается вниз к дяде Майклу, Шербет сразу прячется под кровать. А если вытащить его из-под кровати, он дрожит от страха, и у него громко и часто бьётся сердце. Бедный Шербет! Так сильно он изменился.

У людей тоже так бывает, что они меняются и сами не замечают, как это происходит. Однажды моя мама так грустно сказала, что она и не заметила, как перестала быть весёлой.

Салли говорит, что можно разучиться и забыть, как быть общительным и смелым. Но это не навсегда. Если потихонечку начать больше встречаться с людьми или животными, тогда опять полюбишь общение. И почувствуешь, что быть в обществе совсем не страшно. Так по чуть-чуть можно перестать бояться, стать смелее и веселее.

Может быть, мне пригласить в гости бабушкину соседку Мисс Анамалу с её котом, а потом моего друга Джейкоба с его собакой? Чтобы помочь

Шербету стать опять смелым и общительным. Только я не знаю, как к этому отнесётся бабушка. Надо посоветоваться с дедушкой.

13 июля

Как помощь может быть полезной и вредной

Сегодня мы с Салли говорили о том, как лучше помогать тем, кого мы любим, как давать им возможность добиваться того, что они хотят. Давать возможность значит так всё устроить для них, чтобы им было легче это сделать. Например, если я люблю читать, и мама ведёт меня в библиотеку или покупает книжку, или даже электронную «читалку». Ещё когда я жалею маму, что она так много работает и очень сильно устаёт, я хочу, чтобы она в выходные дни могла подольше полежать утром в кровати. Я тогда готовлю маме завтрак, например, бутерброд с джемом, и приношу в кровать. Я даю маме возможность поваляться чуть-чуть. Или же

Кевин

если я люблю животных, и мне дарят рыбку или собаку, чтобы я могла их любить, сколько хочу. Я тогда называю рыбку Кевин, а собаку Тедди. И мы все дружим. Когда мы помогаем кому-то сделать что-нибудь хорошее, тогда это значит, что мы даём хорошую возможность.

Давать возможность бывает и не очень хорошо. Если какой-то взрослый или ребёнок хочет сделать что-то плохое или не хочет ничего делать вообще, и ему помогают в этом, это значит - давать плохую возможность. Например, когда какой-нибудь ребёнок не делает уроки, получает плохие отметки и даже грубит, а ему разрешают всё, что он хочет, и ещё дарят подарки.

Салли говорит, что мы помогаем тем, кого любим и жалеем. Мы их так сильно жалеем, что помогаем, даже если наша помощь им вредит. Конечно, мы не думаем, что это повредит, а хотим наоборот, чтобы тем, кого мы любим, было хорошо.

Например, бабушка. Она очень любит дядю Майкла, хотя часто кричит на него. Мама говорит, что бабушка даёт дяде Майклу плохую возможность. Мама так думает потому, что когда дядя Майкл бросил университет, бабушка не забрала у него кредитную карточку и платила за всё. Ещё он целых пять лет не ищет работу, и всё равно бабушка не забирает у него кредитную карточку и платит за всё.

Бабушка кричит на него: «У меня из-за тебя будет инфаркт! Я плачу за твои игрушки в последний раз! Хватит!» И продолжает платить. Ну что с этим можно поделать?

Мы с Салли говорили о том, как лучше поступать, если кому-то, кого любишь, грустно и тяжело, и ты хочешь ему помочь, но понимаешь, что даёшь ему плохую возможность?

Мой Тедди часто просит у меня еду, которую собакам нельзя, например, шоколад. Я тогда могу ему сказать:

«Дорогой Тедди, мне не жалко для тебя шоколадки, но я слишком тебя люблю, чтобы давать тебе шоколад. Потому что собакам очень вредно для здоровья есть шоколад.»

И бабушка тоже может сказать дяде Майклу:

«Мне для тебя ничего не жалко, но я не буду больше платить за твою кредитную карточку. Потому что я тебя очень люблю и хочу тебе помочь, чтобы ты мог всё делать сам.»

Так что если вы хотите дать возможность, кому-то, кого любите и жалеете, нужно подумать сначала, хорошая это возможность или плохая. И если это плохая возможность, то лучше её не давать.

А ещё мама говорит, что когда папа переехал жить к бабушке после того, как мама с папой сильно поссорились, бабушка дала папе плохую возможность. Потому что это разрушило нашу семью. А мне всегда жалко папу, когда мама это говорит. Это задевает его чувства, и он расстраивается. Папа забирает меня из школы каждый день и возит на балет и скрипку. Потому что мама всегда работает и очень занята. И ещё папа готовит для меня очень вкусные блюда, и я его очень люблю. Мне так хочется, чтобы родители никогда не ссорились.

27 июля

Почему всем не нравится, когда их пытаются контролировать

Салли говорит, что если вам указывают на то, что вы должны делать или на то, что вы не должны делать, значит, вас пытаются контролировать. Это бывает очень неприятно потому, что вам всё объясняют, как будто вы сами не знаете и не понимаете, что и как делать. И вы можете почувствовать, что это вас принижает.

Мама считает, что бабушка всех контролирует. А бабушка говорит, что она вынуждена всё контролировать потому, что без неё всё может развалиться. Маме не нравится, когда папа говорит, что она хочет его контролировать. Каждый раз когда взрослые говорят про это контролирование, они начинают ссориться. Моя

собака Тедди тоже не любит, когда я хочу её контролировать. Даже если я это делаю для её пользы. Например, мешаю ей пить из унитаза. Салли говорит, что если детей всегда контролировать, то когда они вырастают, они ничего не могут делать сами.

Ещё она говорит, что у каждого ребёнка, даже самого малюсенького, должны быть дела, как у взрослых, которые он делает сам без напоминания. Например, кормить рыбку. Или поливать цветок. Это очень важно. Тогда дети приучаются быть самостоятельными, больше верят в себя, и не боятся делать всё, что хотят, когда они вырастают. Они могут сами ходить в колледж, на работу и встречаться с кем-то, кто им нравится. И они не сидят всегда дома с Шербетом, бабушкой и дедушкой, как мой дядя Майкл.

Если бы я была феей, я бы вернулась в прошлое и устроила бы так, чтобы маленький дядя Майкл приучился сам поливать цветы или убирать посуду со стола. Он бы вырос смелее и увереннее в себе.

Тогда он мог бы закончить колледж и найти очень хорошую работу. И ещё я бы устроила так, чтобы дяде Майклу позвонили его друзья и сказали, что соскучились по нему. И он бы тогда пригласил их в гости, а потом сам бы пошел к ним в гости.

10 августа

Быть красивой

Папина девушка Мишель считает, что она некрасивая и толстая, и очень переживает из-за этого. Хотя и папа, и бабушка, и все ей говорят, что она симпатичная и совсем не толстая, она не верит. Когда Мишель приходит к бабушке домой, она смотрит на себя в зеркало и говорит: «Алиса, какая же я толстая!»

Поэтому, чтобы не поправляться, она после еды вырывает всё, что съела. Мы однажды пошли вдвоем с Мишель в кафе есть мороженое. Чтобы подружиться. Папа так сказал. Пока мы разговаривали, Мишель съела два шарика мороженого и очень расстроилась из-за этого. В машине Мишель плакала. А когда мы приехали домой, пошла в туалет и вырвала.

Бабушка очень рассердилась, когда об этом узнала от меня.

Она начала кричать:

«Я установлю камеру в туалете, чтобы никто не мог вырывать по секрету от всех. Я запрещаю вырывать в моём туалете!»

И Мишель опять заплакала. Тогда я почувствовала себя виноватой, что рассказала бабушке про Мишель и тоже заплакала.

Иногда и я переживаю, что я не такая красивая, как моя подружка Лиз, которая считается самой красивой девочкой в школе. Тогда мне сразу хочется надеть моё нарядное платье, которое мне очень идёт, чтобы все видели, что и я красивая.

Мишель

Салли говорит, что у Мишель депрессия и нарушение пищевого поведения, и что ей нужно лечиться у доктора и ходить в терапевтическую группу. Терапевтическая группа — это когда собираются люди, у которых одна и та же проблема. В этой терапевтической группе, куда Салли считает, должна ходить Мишель, все вырывают и потом это обсуждают. Я, честно говоря, не очень понимаю, как это может помочь Мишель.

Нарушение пищевого поведения - это когда человек ест слишком мало или слишком много. И то, и другое очень опасно для здоровья. Нам рассказывали в школе, что от такого неправильного питания может нарушиться работа почек и печени. И даже можно умереть. Бедная Мишель! Я попрошу её пойти к доктору и записаться в эту группу.

Ещё Салли говорит, что когда человек красивый изнутри, добрый и заботливый, тогда с ним приятно дружить, потому что он как бы освещает всё вокруг себя. И люди к такому человеку тянутся. Я с этим согласна. Но я думаю, что красивое платье и причёска тоже не помешают.

24 августа

Про самооценку

Сегодня мы говорили с Салли о самооценке. Самооценка – это как человек сам себя ценит. Если слишком высоко – тогда он может загордиться, сделаться высокомерным, и людям будет неприятно с ним дружить. А если ценить себя слишком низко – тогда тебе кажется, что ты хуже других, что с тобой всем скучно, и что ничего хорошего в твоей жизни не может случиться. От этого тебе делается грустно и одиноко.

Салли говорит, что у Мишель низкая самооценка. Поэтому она думает, что она некрасивая. И у дяди Майкла тоже низкая самооценка, поэтому он в себя не верит, и всех стесняется.

Я думаю, что моя самооценка бывает низкая, когда мне говорят, что я что-то делаю плохо. Тогда мне кажется, что я хуже всех. Я расстраиваюсь и даже иногда плачу. Я уже не верю, что у меня получится и стараюсь не делать этого вообще. Хотя мама и папа, и дедушка говорят:

«Почему мы падаем? Чтобы научиться вставать.» Так Бэтмэну говорит его отец в кино. Это значит, что не нужно бросать то, что не получается. Наоборот, нужно пытаться ещё и ещё раз. Тогда ты постепенно всё сможешь.

Салли говорит, что самооценка растёт как цветок в горшке. Если за ним правильно ухаживать, поливать его вовремя и следить, чтобы ему было достаточно света, тогда этот цветок вырастет здоровым. И вы будете ценить себя не низко и не высоко, а в самый раз.

Самооценка

Салли знает разные упражнения, как поднять самооценку. Мне нравится одно упражнение, когда нужно написать на листочке список своих хороших качеств, тех, которые тебе нравятся. После этого нужно раз в день выбирать одно из этих качеств и вспоминать случаи, в которых ты это качество проявлял. Это займет всего несколько минут. Когда делаешь такое упражнение, ты как будто себя убеждаешь, что ты лучше или умнее, или красивее. И твоя самооценка потихонечку растёт. Салли говорит, что эти упражнения, можно повторять, как мы повторяем упражнения на уроках балета. Пока у тебя не получится так, как ты хочешь. Например, пока ты не почувствуешь себя более смелым и уверенным.

А иногда, когда у меня что-то хорошо получается, моя самооценка вырастает, и я делаюсь очень счастливая. Я тогда представляю, что я — волшебная фея, могу летать повсюду с волшебной палочкой и делать чудеса.

7 сентября

Почему мы не любим хвастунов

Хвастаться, значит себя возвышать, говорить, что ты лучше других, больше знаешь и умеешь, или что у тебя что-то есть, чего нет у других.

Тем, кто слушает хвастовство, делается неприятно и даже обидно иногда. Потому что они могут почувствовать, что они хуже, и это их принижает. И у того, кто хвастается, часто бывает мало друзей. Этому хвастливому человеку делается скучно и одиноко. Тогда он может начать хвастаться ещё больше. Выходит, что он старается сделать для себя лучше, а на самом деле, получается даже хуже.

Например, у нас в классе как-то появился новый мальчик. Он очень хотел подружиться с нами. Он подходил к нам и хвастался. Показывал, какие у него красивые часы, и рассказывал, какой у него дома чудесный компьютер. Я тогда заметила, что мне и другим детям было не очень приятно его слушать. Вышло, что из-за хвастовства этот новый мальчик не подружился с нами, а наоборот. Мне даже стало его жалко. Салли говорит, что когда кто-то себя хвалит, он часто из-за этого расстраивается. Потому что с ним не хотят дружить. А если похвалить не себя, а другого человека, тогда этому другому человеку станет приятно с тобой общаться, и вы сможете подружиться.

Это совсем не значит, что вы будете говорить неправду, когда его похвалите. Салли говорит, что в каждом человеке есть что-то хорошее. Нужно только спросить себя, что в этом человеке вам нравится, и сказать ему об этом. Тогда он поймёт, что вы говорите искренне, и вы можете стать друзьями.

Я так подружилась с девочкой, которая дольше меня занимается балетом. Её всегда ставят в центр сцены, потому что она лучше всех танцует. Я ей сказала: «Ты танцуешь очень хорошо.» И с тех пор эта девочка стала моей подругой.

21 сентября

Как мама и папа спорили о моём образовании, и что случилось потом

Папа говорит, что если учить ребёнка самым разным вещам, его жизнь делается интереснее. А мама считает, что учить нужно только тому, что ребёнку уже интересно, и к чему у него есть способности. Иначе у ребёнка не будет детства. Поэтому, чтобы у меня было детство, я сейчас занимаюсь только балетом и скрипкой.

Ещё мама сказала, что те, кто хорошо знают математику, похожи на сухарей, с ними скучно, и они – не творческие люди. Из-за этого мама и папа очень сильно поссорились. Каждый раз, когда они ссорятся, я очень расстраиваюсь. Никак не могу привыкнуть.

Я рассказала об этом Салли, и она обещала поговорить с мамой. Салли сказала маме, что людям интересно то, что у них хорошо получается. Еще Салли сказала, что если детей учить, то их способности развиваются, и им тогда делается интересно заниматься разными вещами. Дети тогда видят, что у них получается, и могут выбирать то, что им больше нравится, из многих-многих занятий. А когда ты понимаешь, что можешь многое, ты делаешься увереннее в себе и счастливее.

Так что я, наверное, буду ещё ходить на уроки рисования. Так мама сказала. А к математике, у меня пока нет интереса. Хотя Салли говорит, что я умная, и что если я буду учиться, то мои способности разовьются, и мне математика понравится.

А потом Салли попросила меня выйти из кабинета, потому что хотела поговорить с мамой без меня. Они с мамой долго говорили, целых пятнадцать минут. А я в это время сидела в приёмной, смотрела на часы и ела леденцы. У Салли в приёмной в вазочке всегда есть вкусные леденцы. Еще там висят картины в темно-коричневых рамах. Мне эти рамы нравятся, а насчет самих картин, я не уверена. На них нарисованы цветные пятна, похожие на животных. Если у меня хорошее настроение, эти животные с картин выглядят весёлыми и совсем не страшными. А если настроение не очень, тогда эти животные делаются грустными и нервными, и на них бывает не очень приятно смотреть. У меня есть такая специальная маска, чтобы можно было спать в самолёте при свете. Я, наверно, буду приносить эту маску и надевать, когда я жду в приёмной у Салли, чтобы не видеть этих нервных животных с картин.

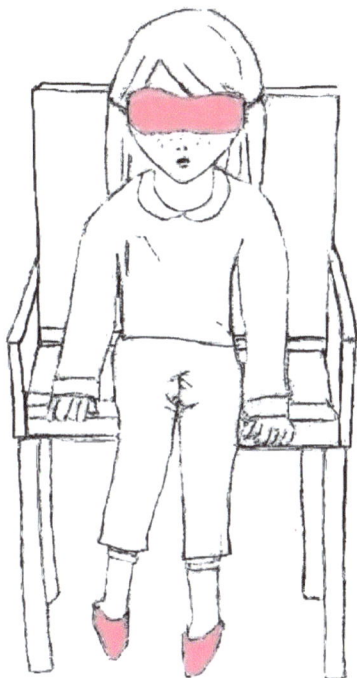

Когда мы пришли домой, мама рассказала папе о том, что ей сказала Салли, пока я ждала в приёмной. Она говорила, что если родители не согласны друг с другом, им лучше сначала договориться в другой комнате, а потом уже сказать ребёнку, о чём они договорились. Потому что если у родителей разные мнения, и ребёнок знает, что они спорят, он может растеряться. Он может почувствовать себя, как водитель. Как будто этот водитель сидит в машине, а перед ним на дороге стоят два полицейских и направляют его в разные стороны. Один - налево, а другой — направо. Водитель тогда теряется, не знает куда ехать и что делать, и из-за этого может случиться авария.

5 октября

Почему так неприятно, когда тебя игнорируют

Когда кто-то делает вид, что тебя не видит или не слышит, это называется, что тебя игнорируют. И от этого тебе становится обидно. Потому что очень неприятно понимать, что на тебя не обращают внимания. И с человеком, который тебя так игнорирует, не очень хочется дружить.

Как-то давно, ещё осенью, я сделала вид, что не замечаю моего друга Джейкоба в школе. Мне просто не хотелось, чтобы нас дразнили «жених и невеста», если узнают, что Джейкоб проводит время после школы у нас дома, когда его мама поздно работает. Потому что наши мамы дружат.

Когда я перестала Джейкоба замечать, он подумал, что я его просто игнорировала. Он тогда тоже начал вести себя так, как будто он меня не узнавал.

А потом как-то вечером Джейкоб сильно на меня накричал за то, что я нечаянно сбросила его телефон с дивана на пол. И я на него очень обиделась. Мы тогда вообще поссорились. И мне от этого стало очень грустно потому, что мы были хорошими друзьями.

По этому поводу Салли сказала, что если вы на кого-то обиделись, или вас что-то беспокоит, лучше рассказать о своих чувствах, а не игнорировать. Просто подойти к этому человеку и вежливо сказать, что вам было не очень приятно или грустно от того, что случилось. Тогда вы не поссоритесь. Вы сможете поговорить друг с другом, и вам обоим станет легче.

Это может быть очень страшно – так подойти и поговорить. Когда мне страшно или неприятно, я начинаю представлять, что я – фея. Если бы я была феей, я тогда могла бы сделать так, чтобы на меня никто не обижался. Я бы взмахнула волшебной палочкой, и все бы сразу забыли, про свои обиды.

Но у меня пока ещё нет волшебной палочки. Поэтому я набралась смелости и сказала Джейкобу, что просто боялась дразнилок в школе и делала вид, что не замечала его. Ещё Салли посоветовала сказать Джейкобу, что наша дружба для меня очень важна. Это был хороший совет. Джейкоб сразу признался, что накричал на меня потому, что злился за то, что я его игнорировала. И мы помирились.

Л. Б. ПОЛЛИНГЕР

19 октября

Как мы с мамой научились гасить вспышки гнева

У некоторых людей, когда они сердятся или расстраиваются, случаются вспышки гнева. Они тогда могут громко кричать, топать ногами, швырять предметы, стучать по столу и плакать. А некоторые даже дерутся. Наверное, это называется вспышкой потому, что такое поведение может сильно огорчить и обжечь. Дедушка называет это помутнением рассудка.

Салли говорит, что вспышки гнева могут разрушить дружбу с очень хорошими и дорогими для нас людьми. Потому что это очень обидно, когда на вас кричат и топают ногами. Друзья тогда хотят отгородиться от вас, чтобы снова не обжечься от такой вспышки. Тогда вы ещё больше переживаете и расстраиваетесь, и вам становится очень одиноко.

А если у вас получится погасить вспышку гнева, тогда вы не обожжёте и не огорчите себя и других.

Вы сможете спокойно, никого не обижая, объяснить, почему вы рассердились, и ваши друзья захотят понять и пожалеть вас.

Салли говорит, что для того, чтобы погасить вспышку гнева, сначала нужно сообразить, что вы гневаетесь. Это может быть трудно сделать, когда вы расстроены. Если вы сами не заметите своего гнева, можно попросить ваших друзей или маму, чтобы они подали вам какой-нибудь условный сигнал, о котором вы заранее договорились. Только вы будете знать, что этот сигнал означает: «ты гневаешься». Вы увидите этот сигнал и поймёте, что надо скорей погасить вспышку.

После этого вы сможете сделать несколько специальных глубоких вздохов или спеть песню какую-нибудь, какая вам нравится, и успокоиться. Можно ещё послушать музыку, погладить вашу собаку, покормить рыбку или умыть лицо прохладной водой. Ваша вспышка тогда погаснет, до того, как вы обидите кого-нибудь. И вам станет намного легче.

Этот способ очень хорошо помогает. Мы с мамой пробовали так гасить наши вспышки гнева, и у нас получилось.

Мама даже купила на интернете специальный маленький знак «stop», чтобы было интереснее и смешнее подавать этот сигнал.

А вообще-то когда у нас дома бывает скандал, я стараюсь быстро уйти в свою комнату и надеть наушники, чтобы ничего не слышать и не переживать.

А с бабушкой я ещё не говорила об этом. Потому что я боюсь, что она пока не хочет тушить свои вспышки гнева. А если человек чего-то не хочет, его нельзя заставить. Так Салли говорит.

Только один раз, после того, как бабушка кричала на дедушку, что он не ценит того, что она делает для семьи, я набралась смелости. Я подошла к ней и сказала, что мне обидно, когда она ругает дедушку. Бабушка тогда погладила меня по голове, и пошла мыть посуду. И всё обошлось. Но это пока было только один раз.

Если бы я была феей, я бы завела такой специальный волшебный поливальник для тушения вспышек гнева. Полил, и все успокоились.

2 ноября

Как важно каждому человеку знать, что его любят

Иногда у меня бывают вопросы, про которые взрослые говорят, что они не очень важные. А мне кажется, что эти вопросы важные. Например, почему в нашем парке, куда мы ходим с Тедди, у всех зайцев такие короткие уши? А у зайцев на фотографиях в интернете уши длинные.

И почему за домом у бабушкиной соседки Мисс Анамалы под ёлкой утка свила гнездо, снесла яички, и из них вылупились маленькие утята? Почему утка не захотела устроить гнездо в бабушкином дворе? Там тоже есть ёлка. Может быть, потому что у нас часто кричат, и утки боятся скандалов?

Если я задаю маме какой-нибудь вопрос, когда она разговаривает по телефону или смотрит свой Фейсбук, она говорит: «Ты же видишь, что я занята!» Мне тогда кажется, что мама меня не очень любит, и что для неё разговоры по телефону или её Фейсбук важнее, чем я. Я от этого расстраиваюсь и обижаюсь.

Когда я рассказала об этом Салли, она захотела поговорить с мамой без меня. Я совсем не обиделась, когда меня попросили выйти. Потому что я знала, что всё равно всё узнаю, когда мама и папа будут обсуждать то, о чём говорила Салли.

Так и вышло. Мама рассказала папе, что они с Салли говорили о том, что может случиться, если не отвечать на вопросы детей. Дети тогда могут почувствовать, что они не нужны, и им от этого может сделаться очень грустно.

А когда кто-то чувствует, что он не нужен, это называется эмоциональный голод. Такие эмоционально голодные дети уже стараются не задавать вопросы. Просто больше не хотят расстраиваться. И они могут бояться кого-то любить, дружить с кем-то, делаются одинокими и иногда даже злыми. Эти дети могут разучиться любить и жалеть других людей или животных, когда тем плохо.

Ещё мама с Салли говорили, что каждому человеку очень важно знать, что его любят. Потому что иногда бывает, что кого-то любят, а он об этом не знает и думает, что он никому не нужен. Поэтому обязательно нужно говорить тем, кого мы любим, что они для нас очень важные, и что мы без них не можем совсем. Ещё можно их хвалить, смотреть на них преданно, как наша собака Тедди, прижиматься к ним и спрашивать, как они себя чувствуют. Тогда у них не будет эмоционального голода, и они будут счастливы. А потом мама с папой договорились, что будут мне часто говорить, что я их любимая дочка.

16 ноября

Про доверие и дружбу

Салли говорит, что доверие – это такой невидимый мостик, который соединяет людей.

Каждый раз, когда мы делаем друг для друга что-то хорошее, помогаем друг другу или просто улыбаемся, мы укрепляем этот мостик между собой и другим человеком. Доверие тогда растёт. Для того, чтобы с кем-то дружить, нужно очень доверять друг другу. Как я доверяю дедушке. Между мной и дедушкой – крепкий мостик. Дедушка мне рассказывает про джунгли, про тропических животных, про путешествия, про пиратов и много других интересных историй. Поэтому дедушка - мой лучший друг.

Салли говорит, что мостик доверия разрушается каждый раз, когда мы игнорируем друг друга, не выслушиваем, перебиваем, повышаем голос или поучаем. И когда мы критикуем, мостик тоже немножко разрушается.

А если вы чувствуете, что на вас кто-то обиделся и начал терять к вам доверие, вы можете сказать этому человеку, что вам жаль, что так получилось, потому, что дружба с ним для вас очень-очень важна. Если, конечно, эта дружба на самом деле для вас важна. Тогда мостик между вами будет по чуть-чуть восстанавливаться, доверие потихоньку начнёт возвращаться, и этот человек опять захочет с вами дружить.

Если бы я была феей, я бы придумала такое волшебство, чтобы мостики доверия построились снова между всеми, кто раздружился и хочет подружиться опять.

А ещё я иногда себе представляю, как было бы хорошо, если бы между мамой и папой опять появился мостик доверия. Они тогда перестали бы обижаться друг на друга, стали бы разговаривать спокойно, и мы опять могли бы жить все вместе.

А потом я вспоминаю про Мишель и расстраиваюсь. Как же она будет без папы? Она начнет ещё больше вырывать, станет ещё худее, и у неё будет нарушение в почках и печени. Как же это всё сложно! Салли, правда, говорит, что нерешаемых проблем не бывает. Нужно только, чтобы люди хотели эти проблемы решать, и тогда всё устроится. А если люди не хотят решать свои проблемы, тогда можно надеяться только на фею и волшебство.

Мне кажется, что если я стану психологом, когда вырасту, я тогда буду немножечко как фея. У меня будет кабинет и похожая на волшебную палочку ручка с маленькой лампочкой. Ко мне будут приходить дети, и я смогу помогать им меньше грустить.

ПРО АВТОРА

Л. Б. Поллингер – психолог, работающий с
детьми и взрослыми. Её частная практика
находится в городе Беллвью в штате
Вашингтон. Л. Б. основала некоммерческое
агентсво для обслуживания людей с
низким доходом, нуждающихся в
психологической помощи. Она любит
собак, ромашки, независимое кино и книги.
Самое большое удовольствие ей
доставляет общение с родными и
друзьями.